Math in Focus®

Matemáticas de Singapur de Marshall Cavendish

Libro del estudiante Kindergarten Ⓐ
Parte 2

Autora
Dra. Pamela Sharpe

Asesores de Estados Unidos
Andy Clark y Patsy F. Kanter

Marshall Cavendish
Education

U.S. Distributor

**Houghton
Mifflin
Harcourt**

COMMON CORE

© 2012 Marshall Cavendish International (Singapore) Private Limited
© 2014 Marshall Cavendish Education Pte Ltd

Published by Marshall Cavendish Education
Times Centre, 1 New Industrial Road, Singapore 536196
Customer Service Hotline: (65) 6213 9444
US Office Tel: (1-914) 332 8888 | Fax: (1-914) 332 8882
E-mail: tmesales@mceducation.com
Website: www.mceducation.com

Distributed by
Houghton Mifflin Harcourt
222 Berkeley Street
Boston, MA 02116
Tel: 617-351-5000
Website: www.hmheducation.com/mathinfocus

English Edition 2009
Spanish Edition 2012

Math in Focus® Kindergarten A Part 2
ISBN 978-0-547-58237-5

Printed in Singapore

10 11 12   1401   19 18 17
4500644466   A B C D E

Contenido

Ordenar por tamaño, longitud o peso

Lección 1 Ordenar cosas por tamaño

Mira y habla.

¿Cuál es el cepillo de Bebé Oso?

El cepillo de Bebé Oso es el amarillo.

¿De quién es la bata de baño roja?

Es la bata de Mamá Oso.

¿Cuál almohada es la más grande?

La almohada azul es la más grande.

¿Cuál es la cosa más grande? Coloréala.
¿Cuál es la cosa más pequeña? Enciérrala en un círculo.

 1

 2

 3

Lección **2** Comparar tamaños

Dibuja.

 1

es **más grande que**

2

es **más pequeña que**

Dibuja.

 3

es **más alto** que

 4

es **más corto** que

Colorea la serpiente más larga de amarillo.
Colorea la serpiente más corta de rojo.

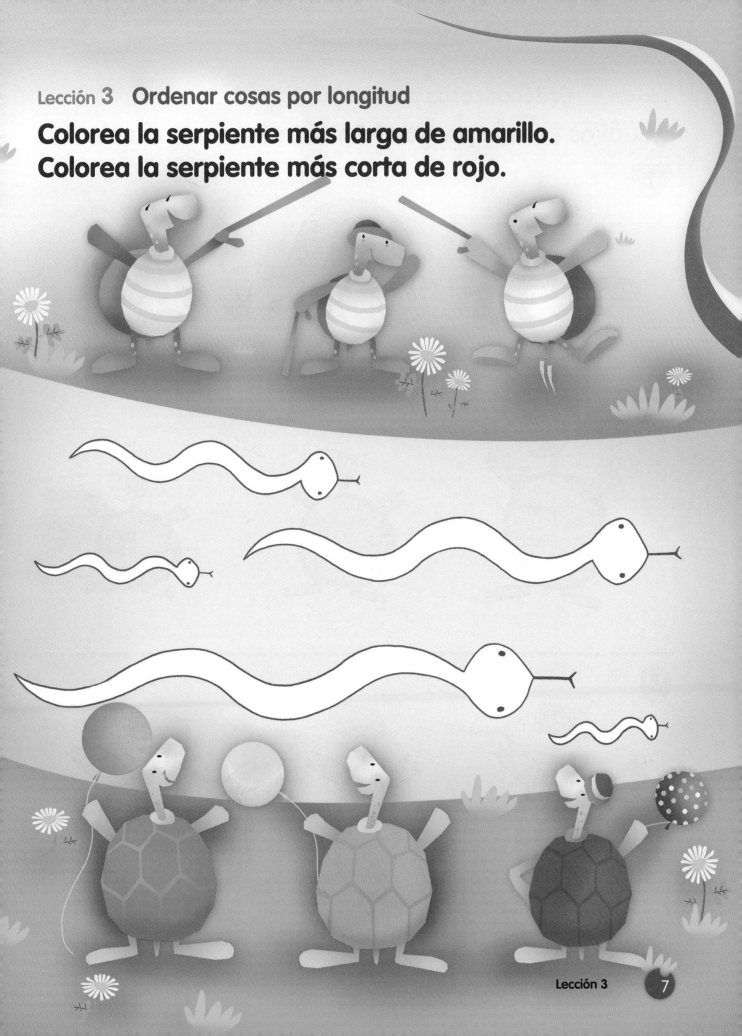

¿Cuál es la más pesada? Enciérrala en un círculo.

1

2

3

Contar y los números de 0 a 10

Lección 1 Componer y descomponer el 5

Cuenta, escribe y encierra en un círculo la respuesta.

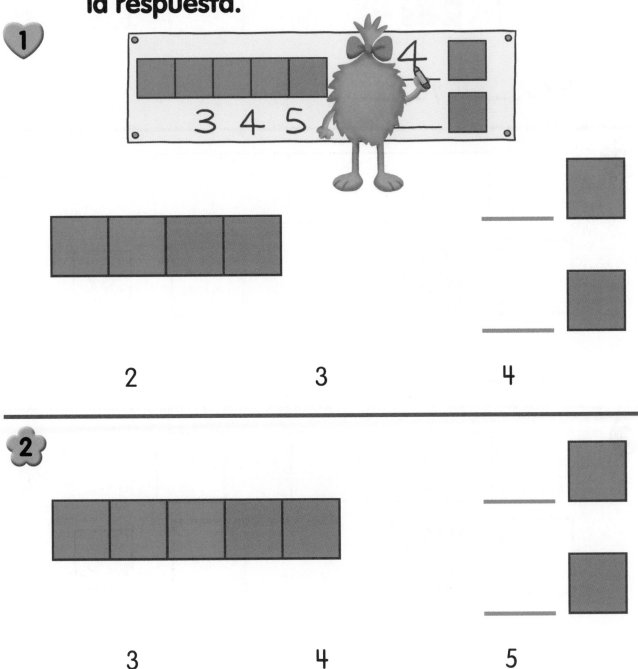

1

3   4   5

2   3   4

2

3   4   5

Colorea, cuenta y escribe.

4 es _____ y _____.

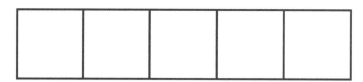

5 es _____ y _____.

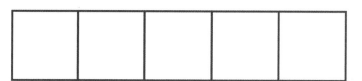

5 es _____ y _____.

¿Hay suficientes frutas? Coloréalas.

Dibuja suficientes .
Cuenta y escribe.

Cuenta y escribe.

1

2

3

4

Dibuja una más. Cuenta y escribe.

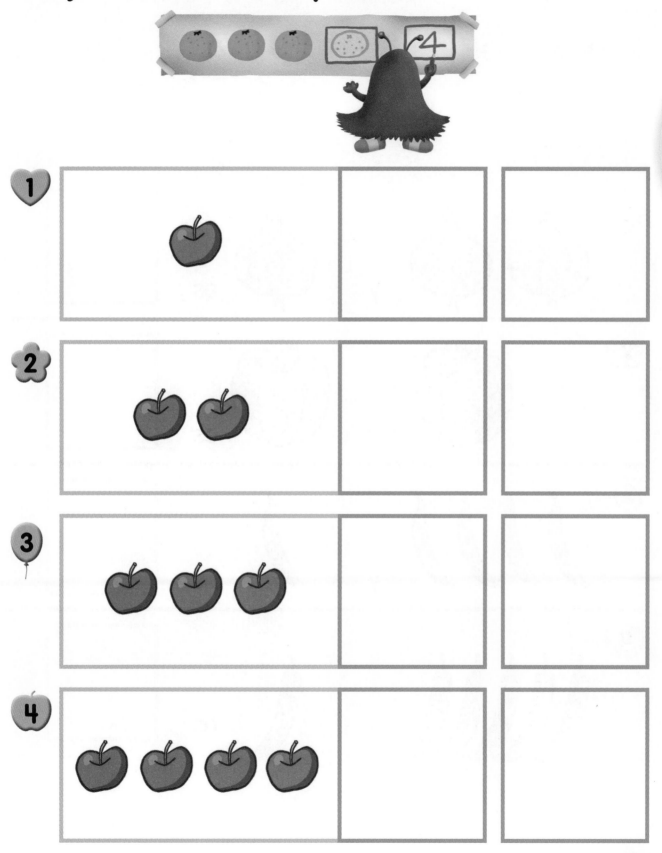

Cuenta y escribe.

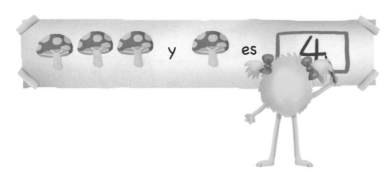

1 y es ☐

2 y es ☐

3 y es ☐

4 y es ☐

Dibuja, cuenta y escribe.

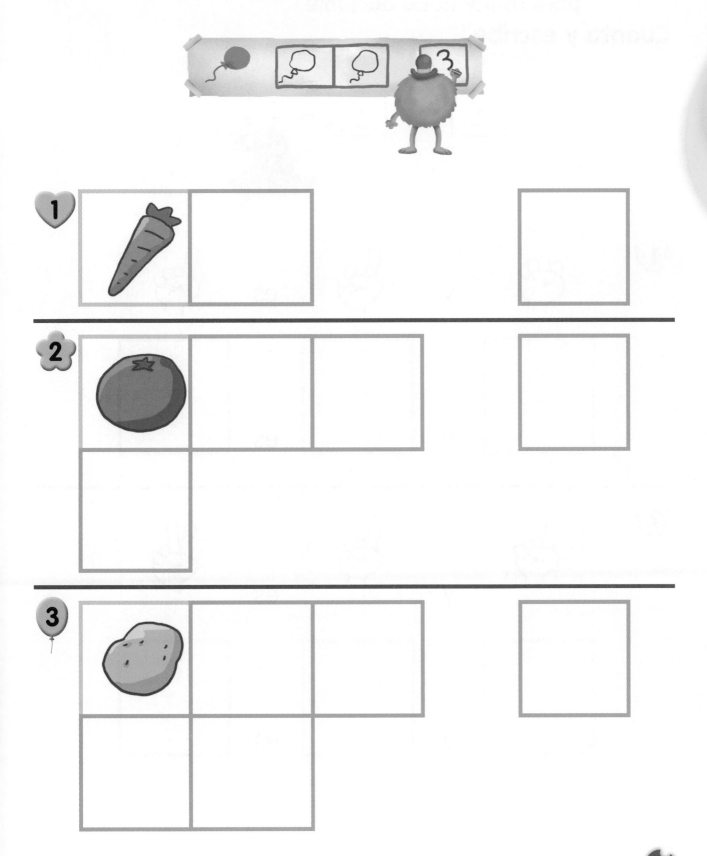

Lección 3 Usar los dedos de las manos y los pies para contar hacia adelante

Cuenta y escribe.

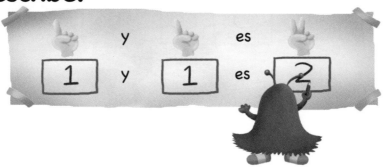

1 y 1 es 2

❤ **1**

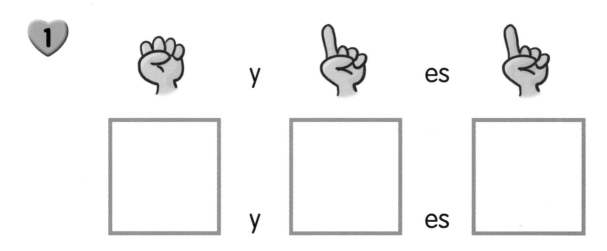

y ... es ...

... y ... es ...

✿ **2**

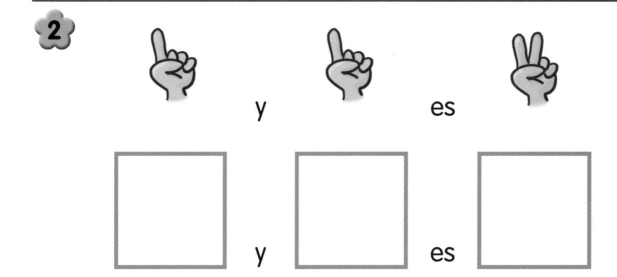

y ... es ...

... y ... es ...

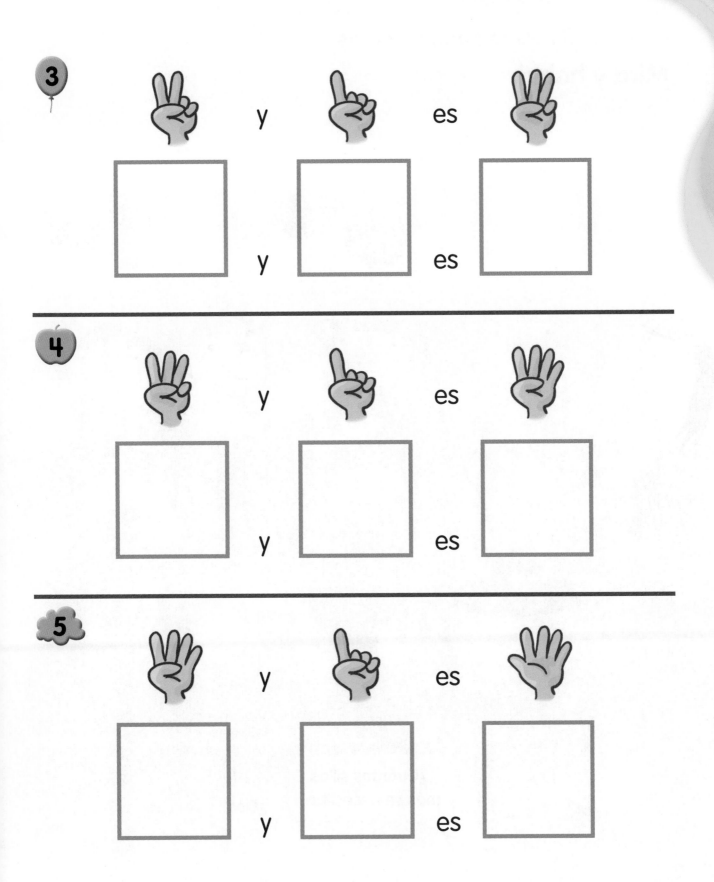

Mira y habla.

¿Cuántas sillas más se necesitan?

¿Dos?

¿Cuántas cosas más se necesitan? Cuenta y escribe.

Cuenta y escribe.

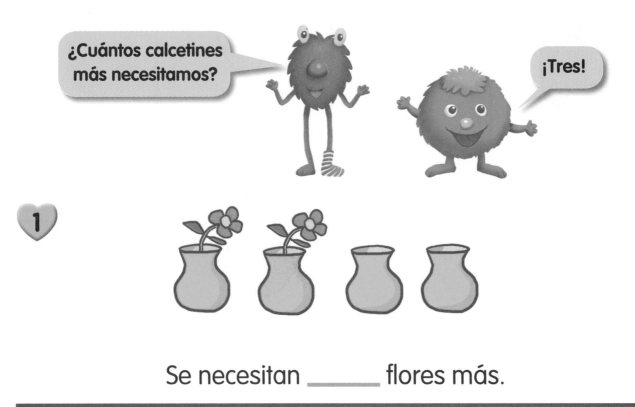

 1

Se necesitan _____ flores más.

2

Se necesitan _____ flores más.

 3

Se necesitan _____ flores más.

Encierra la respuesta en un círculo.

¿Cuál grupo tiene menos de 3?

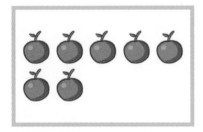

¿Cuál grupo tiene menos de 5?

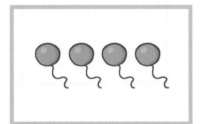
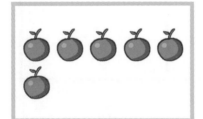

¿Cuál grupo tiene menos de 7?

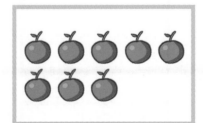
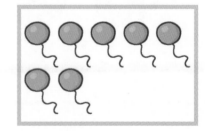

¿Cuál grupo tiene menos de 9?

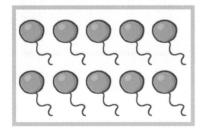

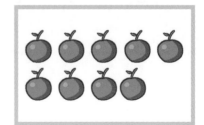

Lección **6** ¿Cuántos hay en total?

Dibuja una cosa más. ¿Cuántas cosas hay en total?

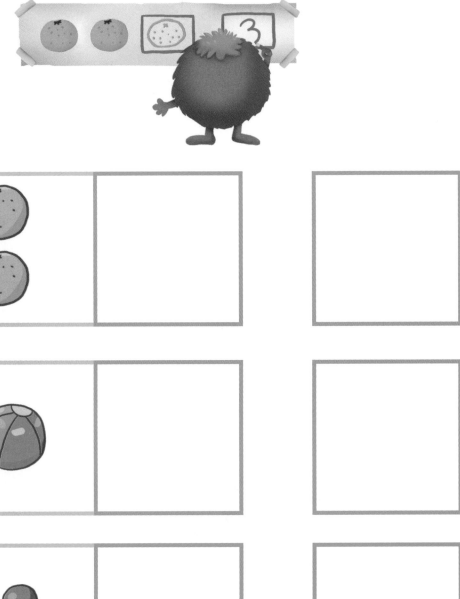

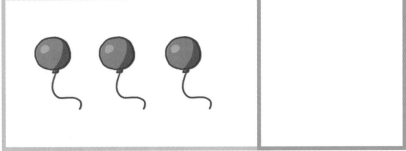

Encierra en un círculo, cuenta y escribe.

1 Vicki se come 2 uvas. Encierra en un círculo las uvas que quedan.

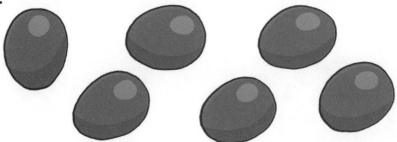

Quedan _____ uvas.

---

2 Se van volando 2 pájaros. Encierra en un círculo los pájaros que quedan.

Quedan _____ pájaros.

---

3 Se van trotando 4 caballos. Encierra en un círculo los caballos que quedan.

Quedan _____ caballos.

Tamaño y posición

Lección 1 Cosas grandes y pequeñas

Dibuja.

Cuenta y escribe.

Lección 2 ¿Cabe o no cabe?

¿Cuál cosa cabe? Coloréala.

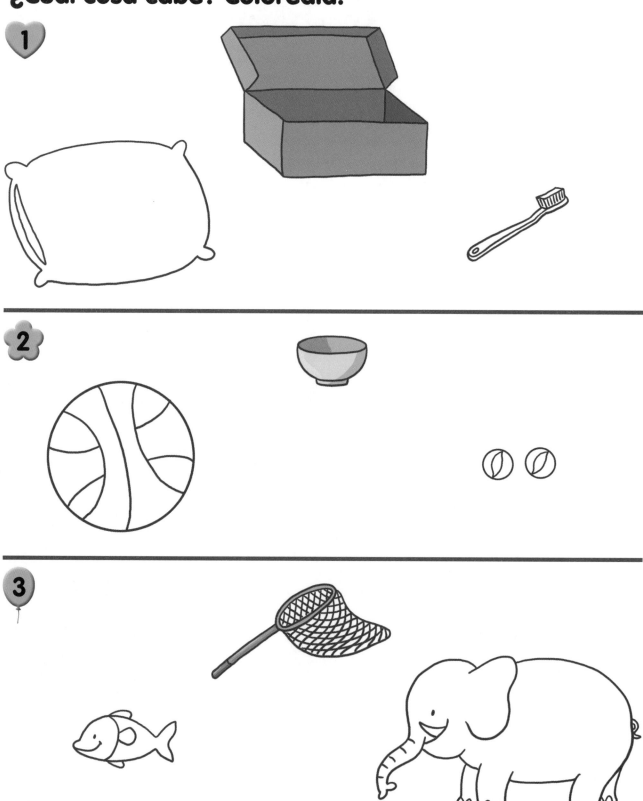

1

2

3

Empareja.

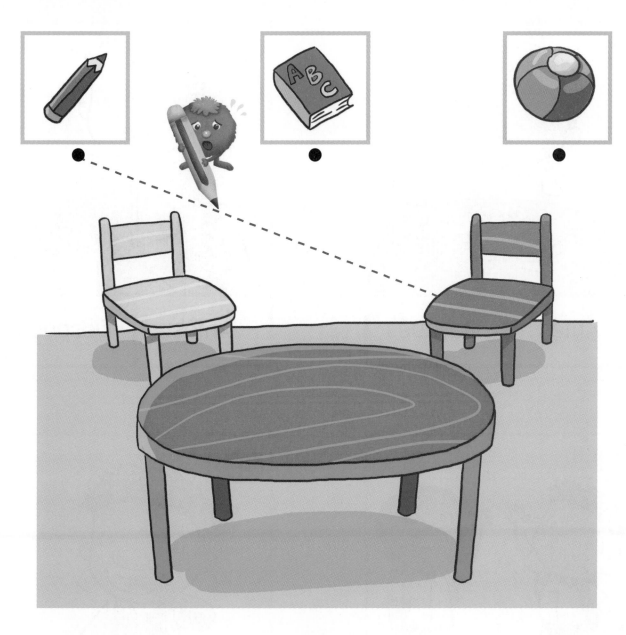

Colorea la casilla.

Antes	Después

Antes	Después

Antes	Después

Antes	Después

¿Qué haces antes de la escuela? Colorea el dibujo.

¿Qué haces después de la escuela? Colorea el dibujo.

Capítulo 6

Los números de 0 a 20

Lección 1 Todo sobre el 10

Canta.

Uno y dos ¡Vámonos!

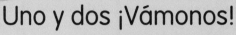

Tres, cuatro y cinco
Llegas de un brinco.

Seis y solo seis palitos veis.

Siete, ocho, velitas en el bizcocho.

Nueve y diez ¡Qué grande es!

Once y doce
¡Que siembre y
goce!

Trece y catorce
Son dos más que doce.

Quince y dieciséis
Cocináis y coméis.

Diecisiete y dieciocho
Ya son más de las ocho.

Diecinueve y veinte
¡No hay suficiente!

Cuenta y escribe.

2

Cuenta y escribe.

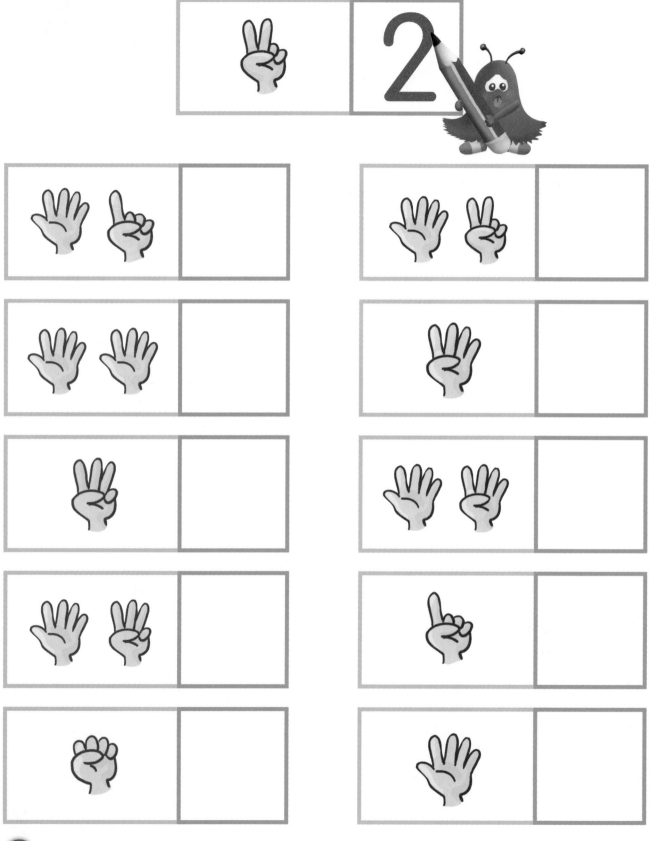

Cuenta y escribe.

1 ❤

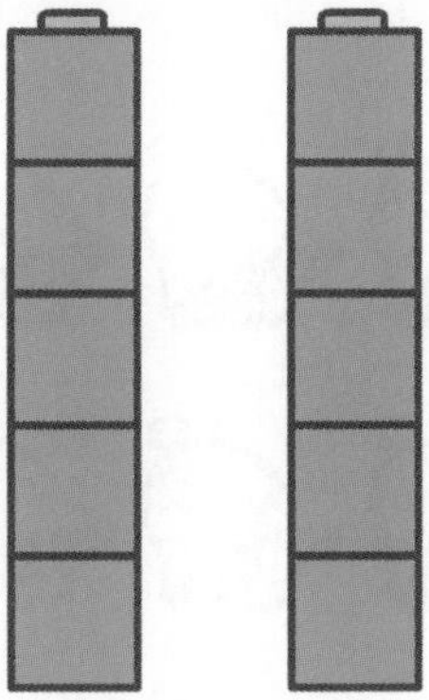

2 🌸

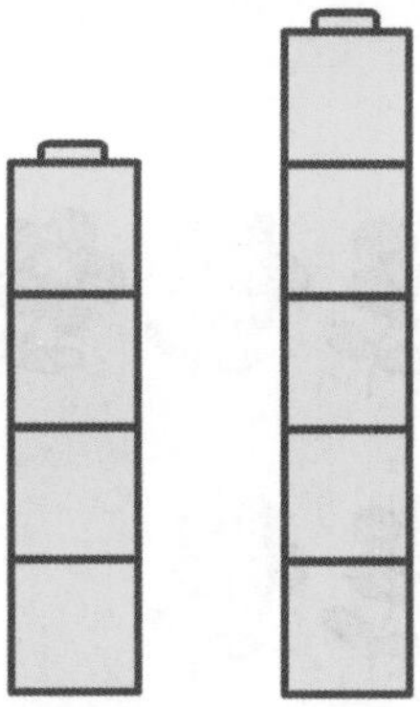

3 🎈

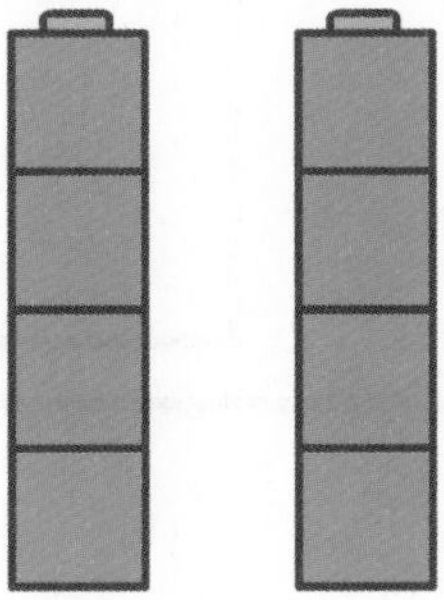

4 🍎

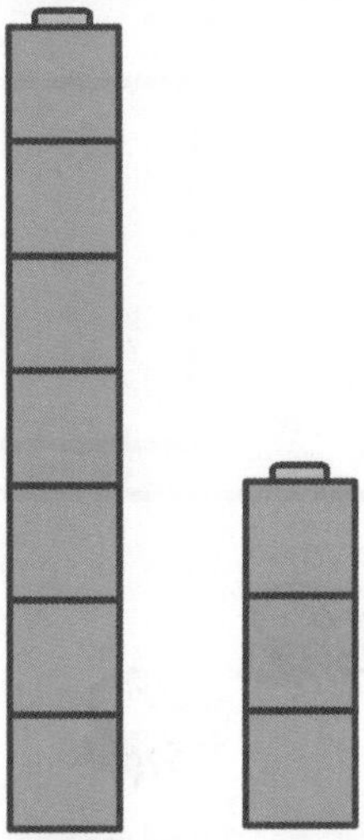

5 ☁

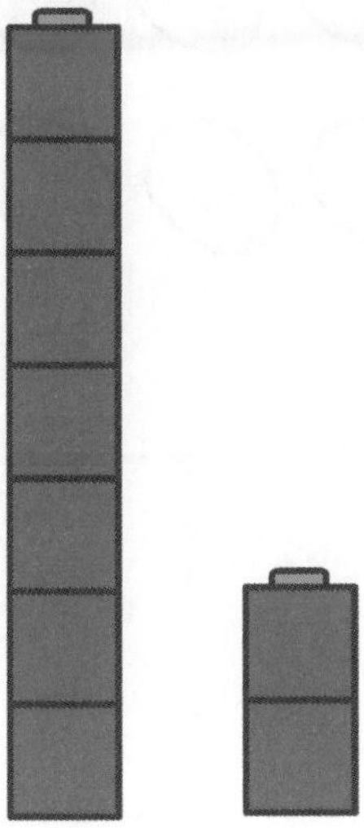

6 🍂

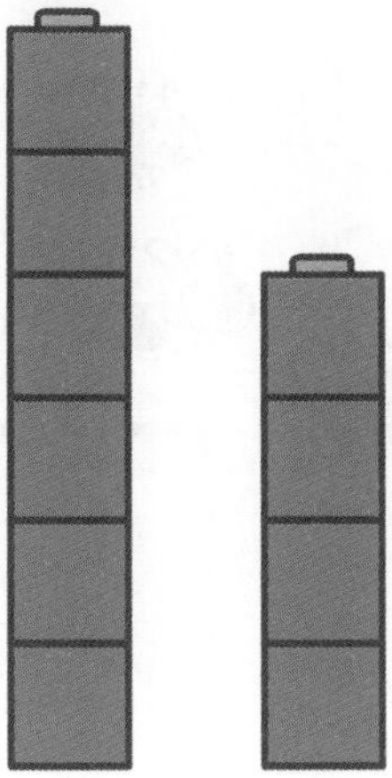

Cuenta y escribe.

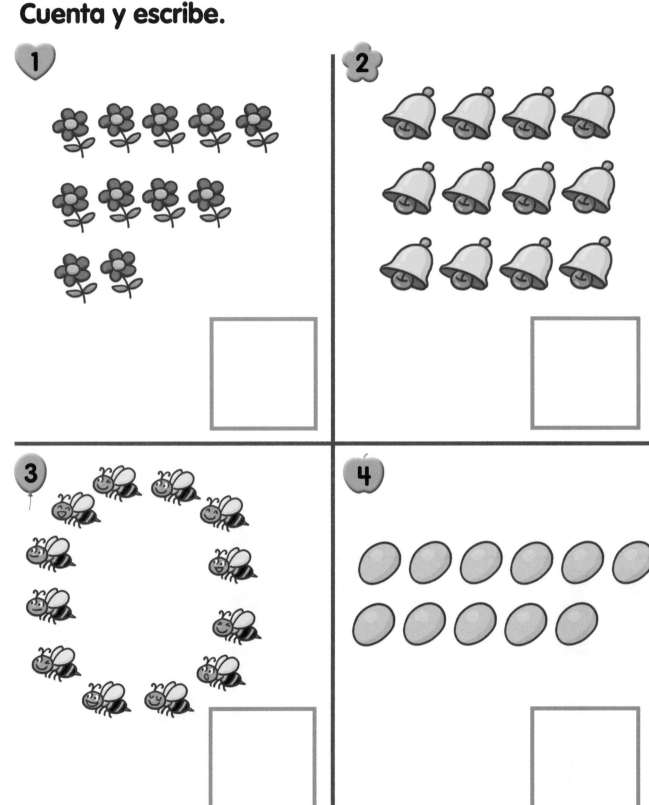

1

2

3

4

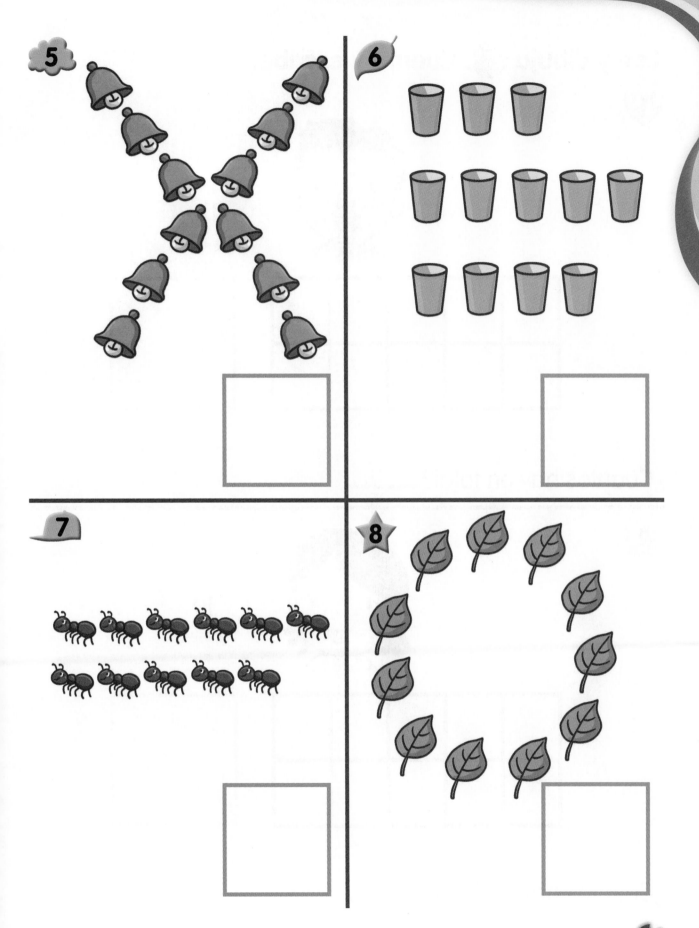

5

6

7

8

Lee y dibuja 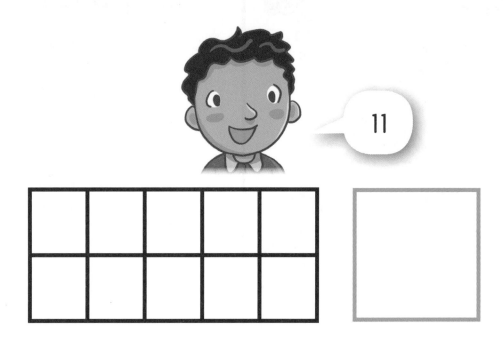. Cuenta y escribe.

11

¿Cuántos hay en total? _____

2

10

¿Cuántos hay en total? _____

3

8

¿Cuántos hay en total? _____

4

12

¿Cuántos hay en total? _____

Cuenta y escribe.

 1

 2

 3

Cuenta y escribe.

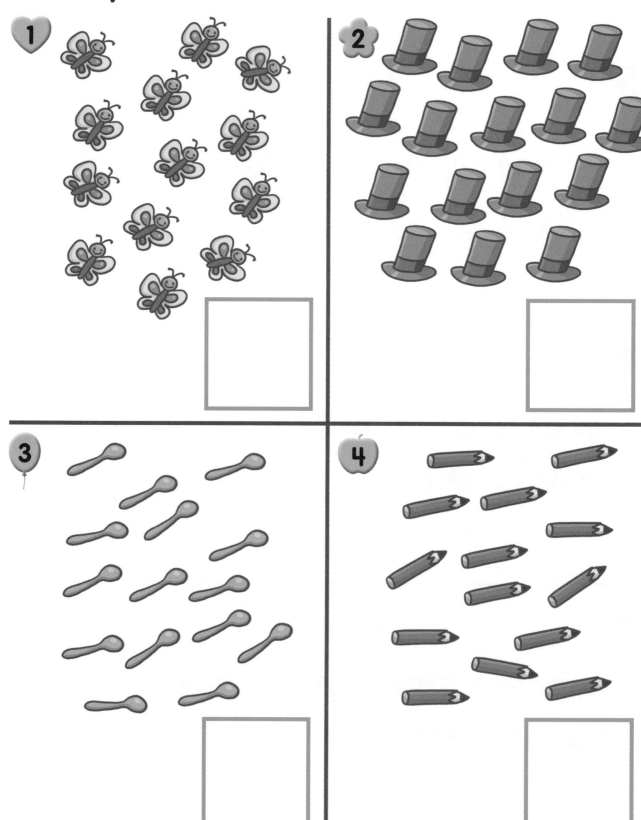

Cuenta y escribe.

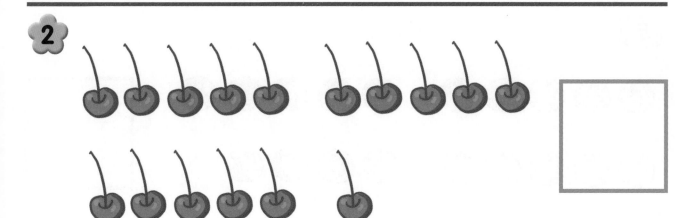

Cuenta y escribe.

 4

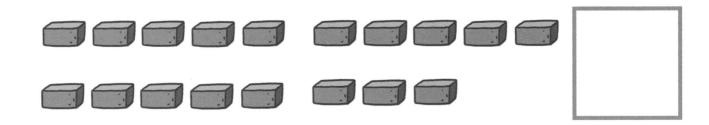

 5

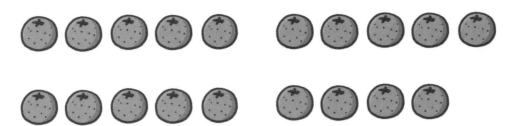

 6

Cuenta y escribe.

1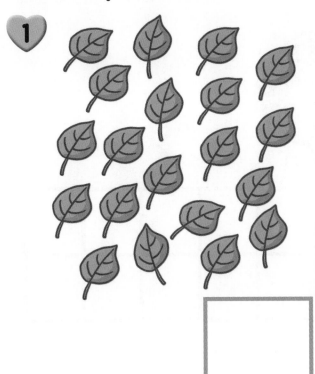

2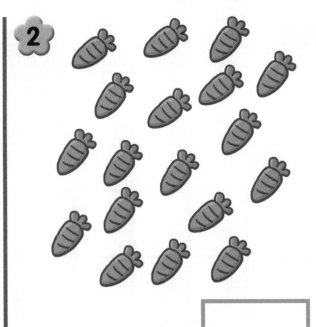

3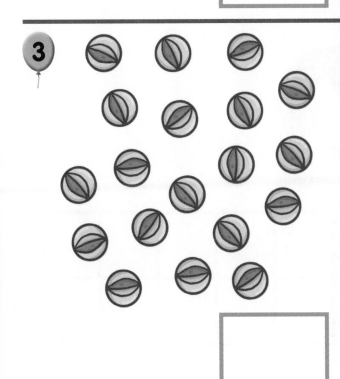

4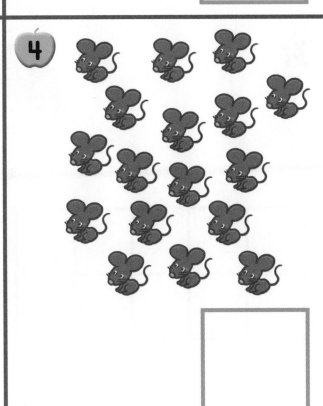

Lee y dibuja . Cuenta y escribe.

1

18

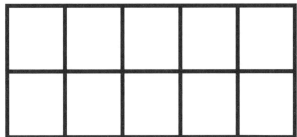
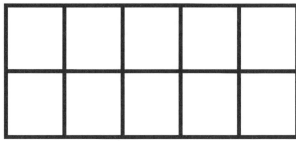

¿Cuántos hay en total? _____

2

16

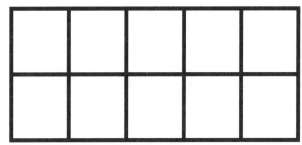
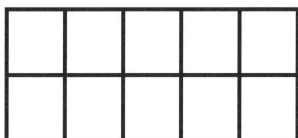

¿Cuántos hay en total? _____

3

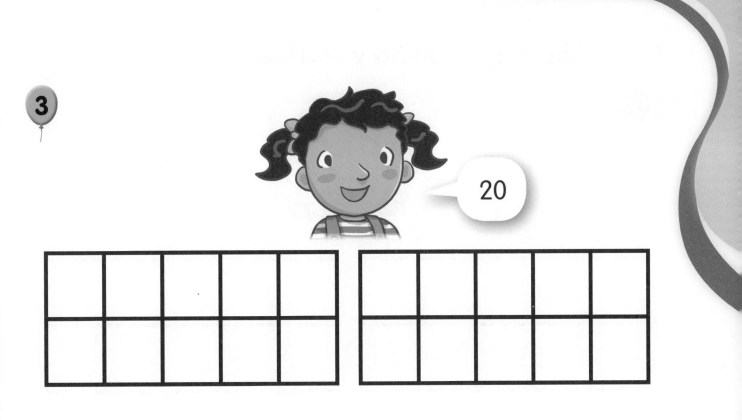

¿Cuántos hay en total? _____

4

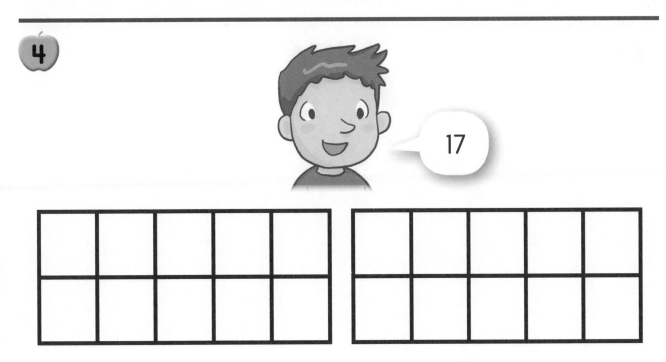

¿Cuántos hay en total? _____

Lee y dibuja . Cuenta y escribe.

5

15

¿Cuántos hay en total? _____

6

19

¿Cuántos hay en total? _____

Une los puntos.

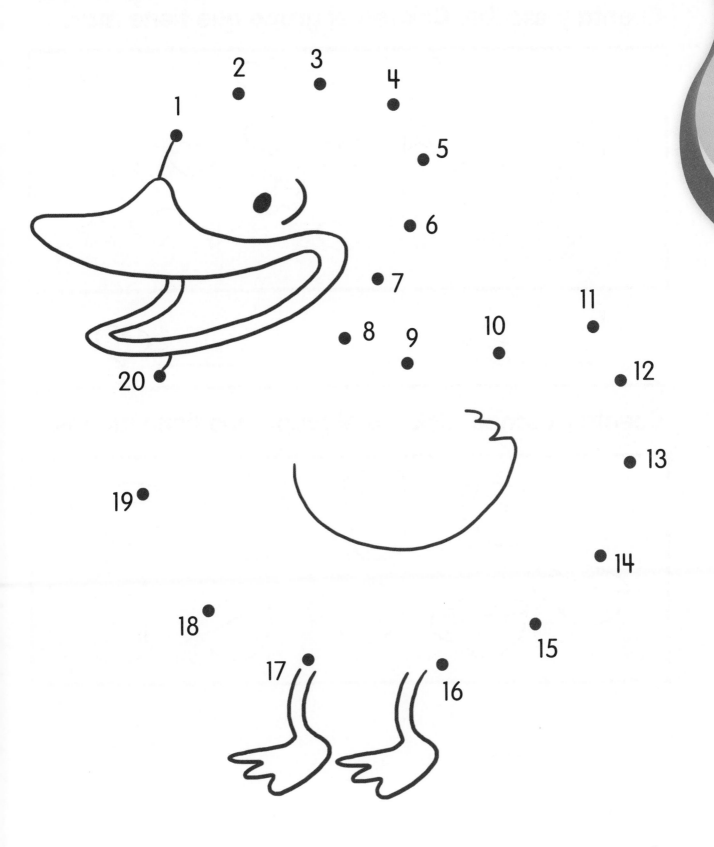

Cuenta y escribe. Colorea el grupo que tiene más.

_____ ☆   _____ ♡

Cuenta y escribe. Colorea el grupo que tiene menos.

_____   _____

Dibuja un número igual de círculos.

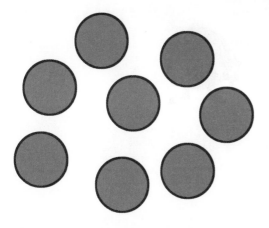

Dibuja más círculos.

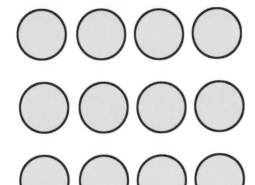

Dibuja menos círculos.

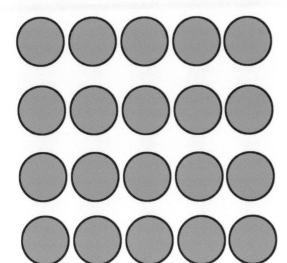